COLLECTION

DE

M. Herbert Kullmann

(de MANCHESTER)

COLLECTION

DE

M. Herbert Kullmann

(de MANCHESTER)

Treize Tableaux

de

BONNARD, CÉZANNE, CROSS, DEGAS,
VAN GOGH, HENRI-MATISSE, RENOIR,
HENRI ROUSSEAU, etc.

Dont la vente aux enchères publiques aura lieu à Paris

Hôtel Drouot, Salle n° 1

Le Samedi 16 Mai 1914, à 4 heures.

Me HENRI BAUDOIN
COMMISSAIRE-PRISEUR
Successeur de Me Paul CHEVALLIER
10, rue de la Grange-Batelière
PARIS

J. & Gve BERNHEIM-JEUNE
EXPERTS PRÈS LA COUR D'APPEL
15, rue Richepance ; 25, boulev. de la Madeleine ;
36, avenue de l'Opéra
PARIS

EXPOSITION PUBLIQUE :

1° A la galerie Bernheim-Jeune, 15, rue Richepance, les jeudi 14 et vendredi 15 mai 1914, de 10 à 6 heures ;

2° A l'hôtel Drouot, salle n° 1, le samedi 16 mai 1914 (jour de la vente), de 1 h. 1/2 à 4 heures.

CONDITIONS DE LA VENTE

Elle sera faite au comptant.

Les acquéreurs paieront dix pour cent *en sus des enchères.*

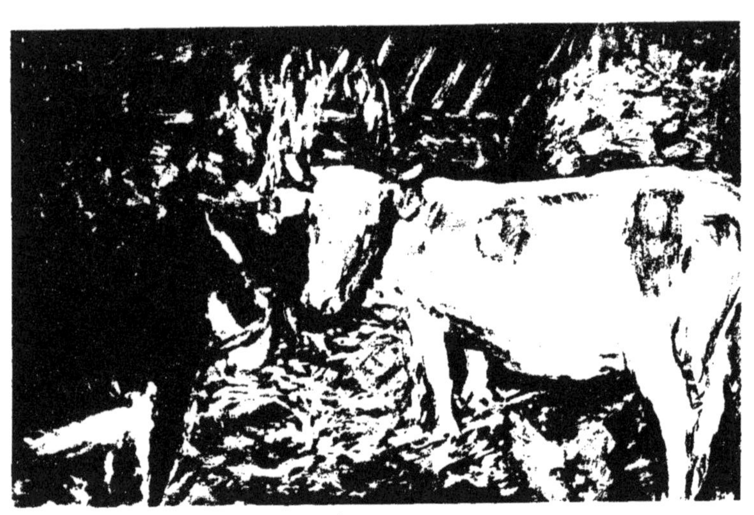

PIERRE BONNARD

L'ÉTABLE

Procédé Bernheim-Jeune.

PIERRE

BONNARD

1. — *L'étable.*

Un âne dont on ne voit pas l'arrière-train, nez à nez avec une vache nivernaise, — tous deux vus de flanc, sur une litière de paille. Une poule. Au fond un ratelier d'où pend du fourrage.

Apparition brusque d'éléments brillants dans une lumière atténuée. Or, noir, blanc, rose.

Peint à l'huile, sur toile, en 1912.

Hauteur : 47 cent. 1/2 ; largeur : 73 cent. 1/2.
Signé en haut, à gauche.

PAUL

CÉZANNE

(1839-1906)

2. — *Le village à travers les arbres.*

A travers les troncs sveltes d'un rideau d'arbres dont les verdures se développent sur le ciel, on voit, un peu en contre-bas, une bourgade aux toits nombreux et la colline au pied de laquelle elle s'étale.

La légèreté des accords vert et bleu et des lignes ascendantes est contrastée par des ocres puissants et par les solides assises horizontales de la composition.

Peint à l'huile, sur toile,
aux environs d'Aix-en-Provence, vers 1900.

Hauteur : 65 cent. 1/2 ; largeur : 81 cent. 1/2.

PAUL CÉZANNE

Procédé Bernheim-Jeune.

LE VILLAGE A TRAVERS LES ARBRES

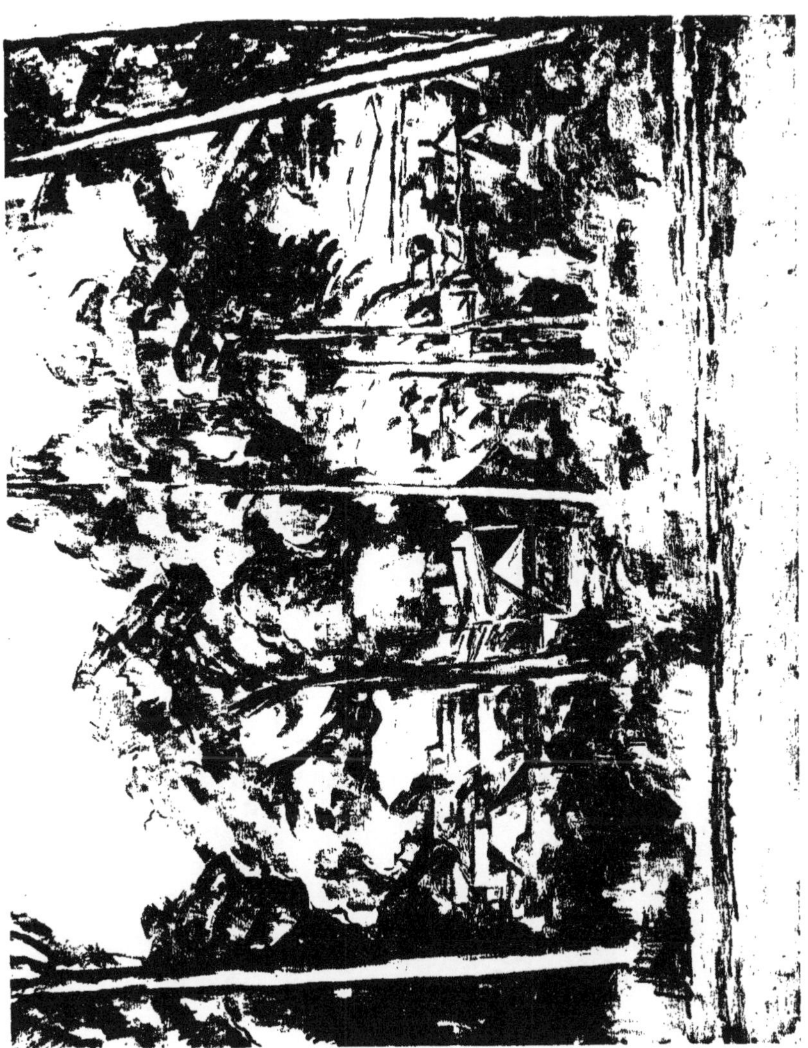

PAUL

CÉZANNE

(1839-1906)

3. — *L'allée.*

Une dizaine d'arbres aux troncs roses, aux feuillages vert et bleu.

Peint à l'aquarelle, vers 1902.

Hauteur : 42 cent. ; largeur : 57 cent.

HENRI-EDMOND

CROSS

(1856-1910)

4. — *Paysage avec le cap Nègre.*

« Son imagination de pur peintre va éclore avec une exubérance orientale dans le *Paysage avec le cap Nègre,* — a écrit dans l'*Art Décoratif* un critique de Cross, Mme Lucie Cousturier, — page neuve, magnifique, qui révèle non la Provence, mais des plaisirs tumultueux, non la langueur, mais des outrances, car ce ne sont pas les dégradés, cette fois, mais les contrastes qui foisonnent; sans s'attarder à de lourds premiers plans conventionnels, un pic rouge jette sur le ciel jaune vert sa phrase éloquente, dominatrice des poignantes clameurs d'arbres soufre, agacés de rose, ombrés d'outremer, d'arbres orangés ombrés de vert, de bleu vert, soulignés de rose cerise et de pourpre; la basse répétée des cyprès projette encore plus haut les déchirants arpèges. C'est tout ce que la musique moderne a trouvé de plus rare et de plus hardi dans les dissonances et les résolutions différées. Ce n'est pas là le rendu de la lumière, de l'arbre, du sol, c'en est la transposition audacieuse dans le langage abstrait des teintes, dont chacune, excitée, durcie, alanguie à des degrés divers, possède d'infinies vertus expressives. »

Peint à l'huile, sur toile, en 1907.

Hauteur : 90 cent.; largeur : 90 cent.
Signé en bas, à droite.

HENRI-EDMOND CROSS

PAYSAGE AVEC LE CAP NÈGRE

Procédé Bernheim-Jeune.

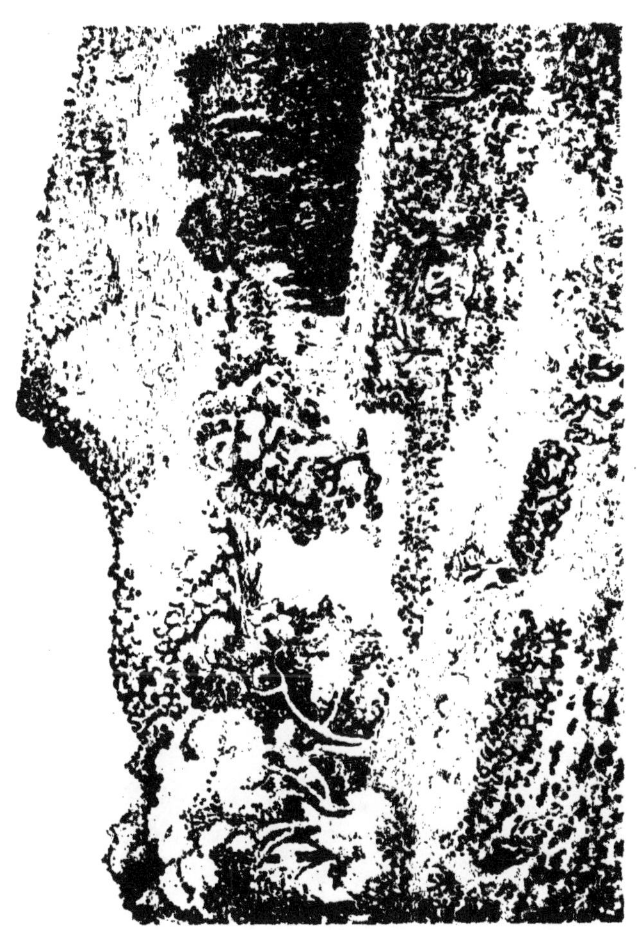

EDGAR

DEGAS

5. — *Danseuses.*

Deux danseuses en jupe de gaze. Celle de gauche est debout, un éventail à la main. Celle de droite est penchée et de la main gauche tient le chausson où s'enfile son pied gauche posé sur un banc.

Dessin au fusain rehaussé de craie et retouché aux pastels vert et jaune.

Hauteur : 46 cent. ; largeur : 59 cent.
Signé en bas, à droite.

VINCENT

VAN GOGH

(1853-1890)

6. — *L'escalier à Auvers.*

Un chemin encaissé monte de l'avant-plan au centre du tableau, entre des talus escarpés couverts de murs et de verdures. Un escalier d'une quinzaine de marches s'en détache sur la droite vers une rue haute. Un villageois, bâton à la main, descend cet escalier. Gravissant le chemin, — deux filles aux gros mollets et en chapeau de paille, et, plus loin, deux bonnes femmes.

Toute la composition rayonne puissamment du centre à la périphérie de ce tableau d'où le ciel est presque exclu. La coloration va du blanc au noir, du rouge au vert, du jaune au bleu, et ces teintes si diverses, comme aussi les lignes tourmentées qui les délimitent, s'agencent et se coalisent en un ensemble organisé et stable.

Peint à l'huile, sur toile, à Auvers-sur-Oise,
en mai, juin ou juillet 1890.
(C'est donc une des dernières œuvres de Van Gogh.)

Hauteur : 51 cent.; largeur : 71 cent.

VINCENT VAN GOGH

L'ESCALIER A AUVERS

Procédé Bernheim-Jeune.

[illegible]

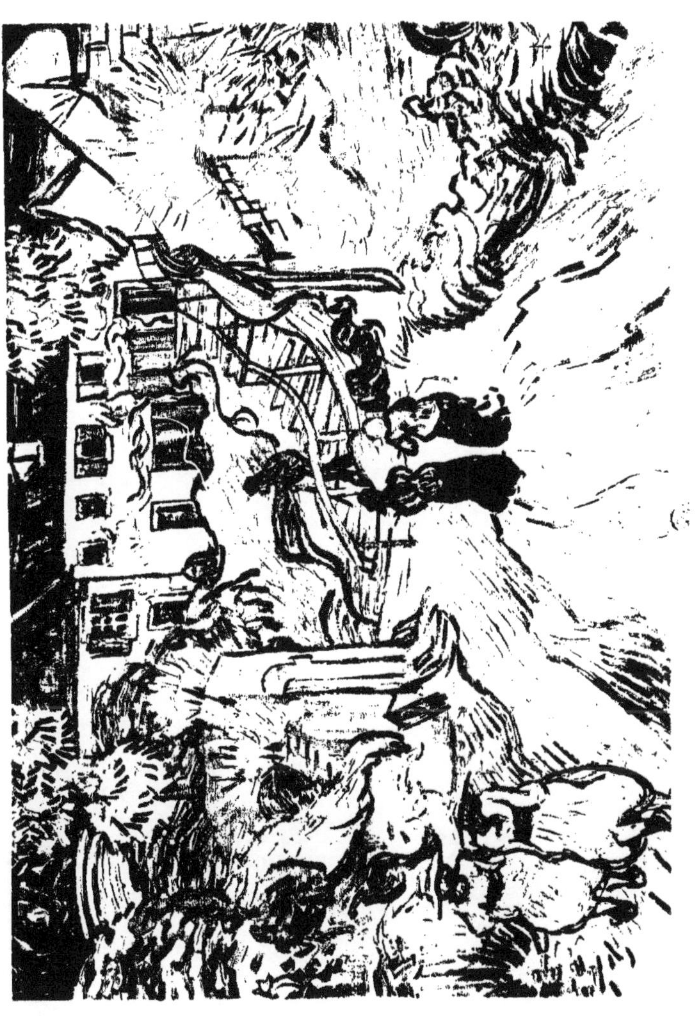

HENRI-MATISSE

L'ILYSSUS

Procédé Bernheim-Jeune.

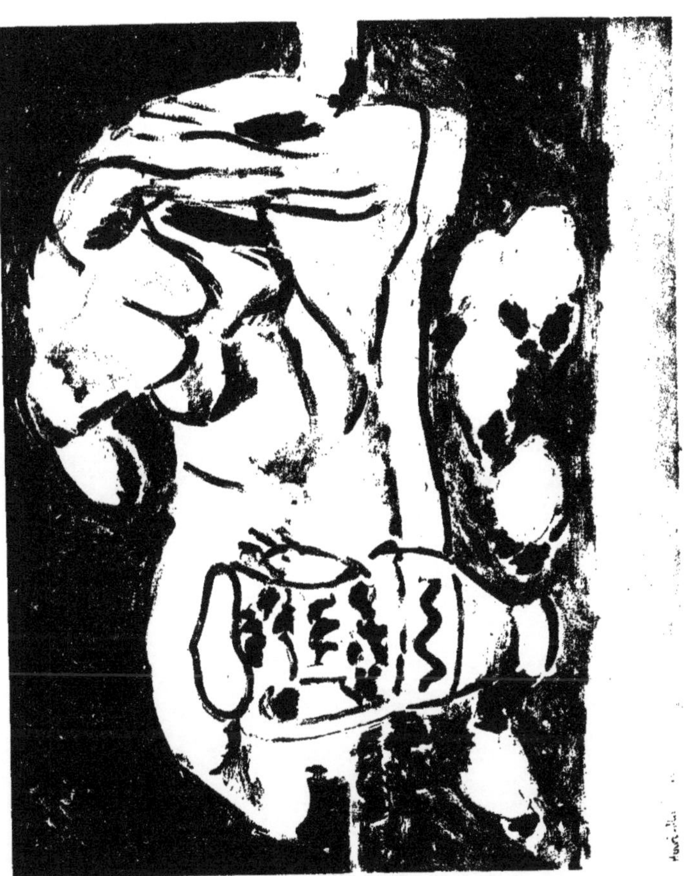

HENRI-MATISSE

7. — *L'Ilyssus.*

Un moulage de l'Ilyssus du Parthénon et devant lui une demi-douzaine de citrons et un pot espagnol.

Dominante rose et jaune, contrastée de vert, sur un fond lilas et bleu.

Peint à l'huile, sur toile.

Hauteur : 61 cent.; largeur : 74 cent.
Signé en bas, à gauche, et daté : 08.

AUGUSTE

RENOIR

8. — *Baigneuse.*

Elle est blonde et nue. Son visage, tourné vers la droite, est presque de profil ; son corps, de trois quarts. Dans l'eau jusqu'à mi-cuisses, elle touche de la main gauche ses vêtements déposés sur l'escarpement de la berge, et son autre main presse sur le sein gauche un linge. Au fond, une rive herbue et boisée.

Harmonie déterminée par des roses et des verts, des blancs et des bleus, avec des variations d'orangé et des accents noirs et rouges.

Peint à l'huile, sur toile.

Hauteur : 80 cent. ; largeur : 66 cent.
Signé en bas, à droite, et daté : 95.

AUGUSTE RENOIR

BAIGNEUSE

Procédé Bernheim-Jeune.

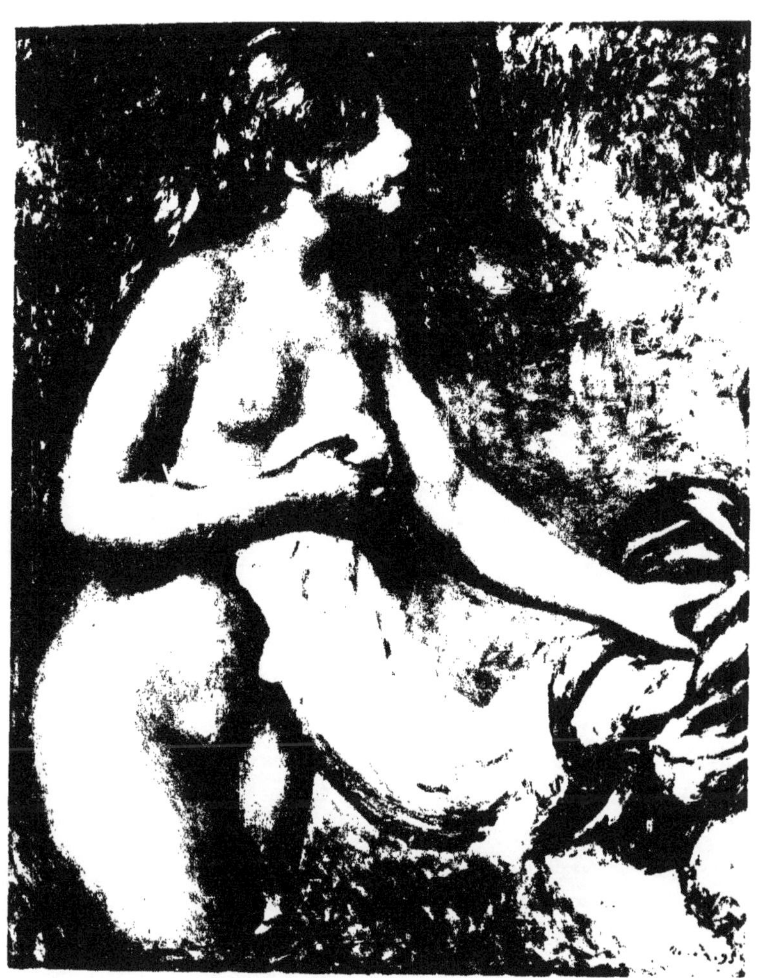

AUGUSTE RENOIR

AU BORD DE LA RIVIÈRE

Procédé Bernheim-Jeune.

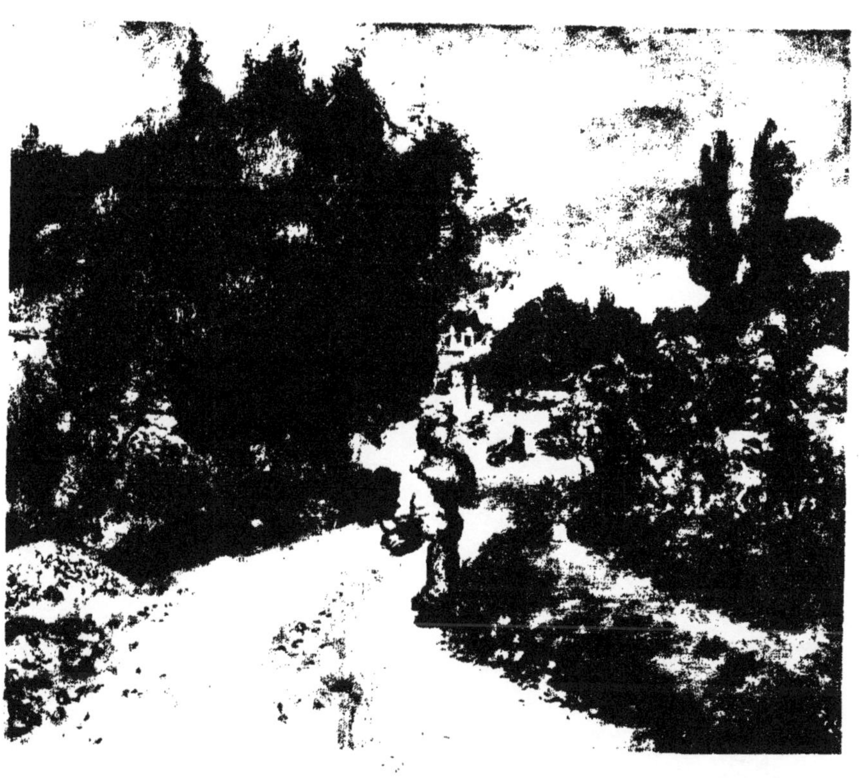

AUGUSTE

RENOIR

9. — *Au bord de la rivière.*

Une paysanne, panier au bras gauche, besace sur le dos, et, plus loin, un homme à la brouette et une autre paysanne circulent sur le chemin qui longe la rivière. Il est bordé à gauche par des saules, à droite par des talus au delà desquels s'étendent des vergers; au lointain, un pont, une villa.

Le tableau est maintenu dans des colorations vert et beige modulées à l'infini.

Peint à l'huile, sur toile, vers 1875.

Hauteur : 47 cent.; largeur : 56 cent. 1/2.
Signé en bas, à droite.

HENRI

ROUSSEAU

(1844-1910)

10. — *Éclaireurs attaqués par un tigre.*

Le décor se dispose horizontalement en trois zones : le ciel bleu clair, timbré d'un astre blanc ; au milieu un sombre fourré d'arbres tropicaux dont les palmes brodent sur le ciel la plus ingénieuse et la plus ornementale arabesque ; en bas, un rude tapis de feuilles rigides et lancéolées, vert jaune et vert bleu, où un Africain en gandoura gît. A sa droite, le tigre qui vient de l'abattre s'apprête à bondir vers la gauche sur un cavalier maure. Celui-ci menace de sa lance le mufle du colossal adversaire, et son cheval à crinière déployée se cabre vertical.

Les admirateurs du « Maître de Plaisance » s'accordent à considérer comme son chef-d'œuvre ce tableau romanesque et naïf, qui figura en 1904 au Salon de la Société des Artistes indépendants.

Peint à l'huile, sur toile, en 1903-1904.

Hauteur : 1 m. 21 ; largeur : 1 m. 61.
Signé en bas, à droite.

HENRI ROUSSEAU

ÉCLAIREURS ATTAQUÉS PAR UN TIGRE

Procédé Bernheim-Jeune.

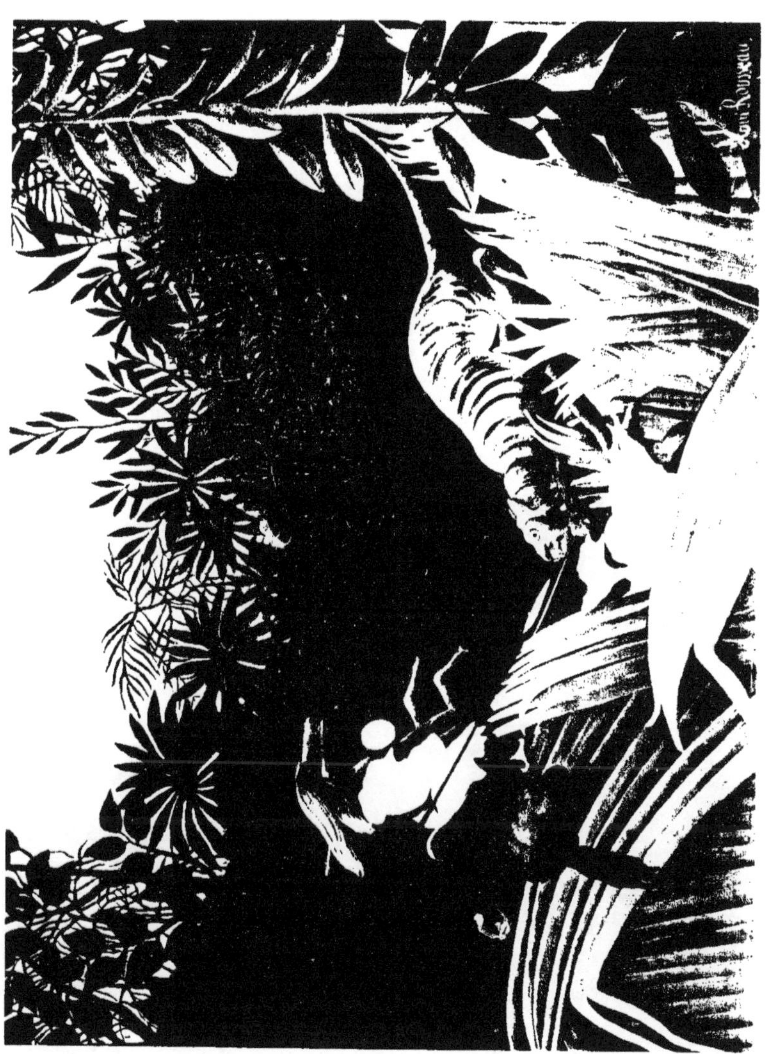

HENRI

ROUSSEAU

(1844-1910)

11. — *La passerelle de Passy.*

A gauche, un quai encombré et son parapet où s'échelonnent les anneaux d'amarrage. A droite, l'autre quai, avec un pêcheur à la ligne, aux jambes pendantes. Six bateaux dont quatre sont à quai ; l'un de ceux-ci élève dans le ciel un pavillon tricolore.

Peint à l'huile, sur toile.
Exposé en 1895 au Salon de la Société des Artistes indépendants.

Hauteur : 38 cent. ; largeur : 46 cent.
Signé en bas, à gauche.

HENRI

ROUSSEAU

(1844-1910)

12. — *Vue des fortifications.*

(Boulevard Gouvion-Saint-Cyr.)

Dans la partie gauche du tableau, cinq personnages sont assis sur des pliants ou sur le gazon ; l'un d'eux, une femme, coud. Aux divers plans, des arbres.

Peint à l'huile, sur toile.
Exposé en 1896 au Salon de la Société des Artistes indépendants.

Hauteur : 38 cent. ; largeur : 46 cent.
Signé en bas, à droite.

J. M. W.

TURNER

(1775-1851)

13. — *Paquebot sortant de Douvres.*

La ville et ses tours, le vapeur, la mer houleuse.

Aquarelle.

Hauteur : 17 cent. ; largeur : 26 cent.

MODERNE IMPRIMERIE
37, RUE GANDON, 37
PARIS (13e)
—
1914

LA COLLECTION DE M. HERBERT KULLMANN (de MANCHESTER)

Liste complète des prix de vente

Pierre Bonnard. — *L'Etable*, estimé 1.500 francs, vendu 1.700 francs à M. Moller.

Paul Cézanne. — *Le village à travers les arbres*, estimé 25.000 fr., vendu 28.000 fr., à M. Cassirer, de Berlin.

Paul Cézanne. — *L'Allée*, aquarelle estimée 1.500 fr., adjugée 1.400 francs à M Druet.

Henri-Edmond Cross. — *Paysage avec le cap Nègre*, estimé 4.000 fr., adjugé 3.700 francs, à MM. Bernheim Jeune.

Edgar Degas. — *Danseuses*, dessin estimé 4.000 fr., adjudé 4.500 fr. à M. Durand-Ruel.

Vincent Van Gogh. — *L'escalier à Anvers*, sur prisée de 12.000 fr., a été vendu 12.300 francs, à MM. Bernheim Jeune.

Henri-Matisse. — *L'Ilyssus*, demande de 2.000 fr., vendu 2.600 fr., à MM. Bernheim Jeune.

Auguste Renoir. — *Baigneuse*, estimation 35.000 fr., vendu 38.500 francs, à M. Durand-Ruel.

Auguste Renoir. — *Au bord de la rivière*, estimé 5.000 fr., acheté 7.800 fr., par M. Mancini.

Henri Rousseau. — *Eclaireurs attaqués par un tigre*, demande 8.000 francs, vendu 7.500 fr., à MM. Bernheim Jeune.

Henri Rousseau. — *La passerelle de Passy*, demande 1.000 fr., vendu 800, à MM. Bernheim Jeune.

Henri Rousseau. — *Vue des fortifications à Paris*, demande 1.000 francs, vendu 1.000 fr., à M. Rosenberg.

I.-M.-W. Turner. - *Paquebot sortant de Douvres* (aquarelle), prisée de 2.000 fr., vendue 2.820 francs à M. Raoul Gunsbourg.

Produit de la vente : 112.620 francs.

L.-Maurice Lang.

de danses en plein air, l'après-midi, et d'une soirée artistique au cours de laquelle se feraient applaudir les artistes les plus aimés du public.

La première doctoresse en Philosophie. — Aujourd'hui mardi, à la Sorbonne, Mlle Zanta soutiendra devant un jury composé de MM. Brochard, Boutroux, Séailles et Bergson, les deux thèses suivantes :

La renaissance du stoïcisme au seizième siècle ;

La traduction française du Manuel d'Epictète, *au seizième siècle, par André de Rivaudeau, publiée avec une introduction.*

Va paraître : de Mme Gérard d'Houville, *Le Séducteur*, roman.

De M. Frédéric Masson, le tome onzième et avant-dernier de l'histoire napoléonienne, *Napoléon et sa famille.*

« **Le Lourdes scientifique.** » — M. Jules Bois, qui vient de terminer une pièce en vers, *Amazone domptée*, écrit un roman, *Le Lourdes scientifique*, où il mettra en action les merveilles de la science moderne.

« **Les Pays d'Albanie et leur histoire** ». — M. Frédéric Gibert, ancien élève diplômé de l'Ecole des sciences politiques, vient de faire paraître, à la librairie Rosier, un volume in-8, intitulé : *Les Pays d'Albanie et leur histoire.*

L'auteur, un spécialiste des questions orientales, donne, dans cet ouvrage, *le premier de ce genre qui ait été publié en France*, le résultat de laborieuses recherches. En outre de sa documentation personnelle, il a résumé les travaux les plus importants et les plus récents, tant français qu'étrangers ,qui ont paru sur ces questions. Dans un style clair et précis, il expose un tableau complet de l'état actuel des pays albanais.

Voici quel est le plan de ce livre :

INVITATION

COLLECTION HERBERT KULLMANN

(de Manchester)

Trois jours d'Exposition

A LA GALERIE BERNHEIM-JEUNE
les mercredi 13, jeudi 14
et vendredi 15 Mai 1914

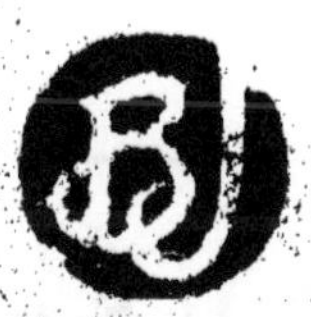

PARIS
15, RUE RICHEPANCE, 15
MM. BERNHEIM-JEUNE & Cie
EXPERTS PRÈS LA COUR D'APPEL

Moderne Imprimerie, 87, rue Gandon, Paris (XIIIe).

COLLECTION

DE

M. Herbert Kullmann

(de MANCHESTER)

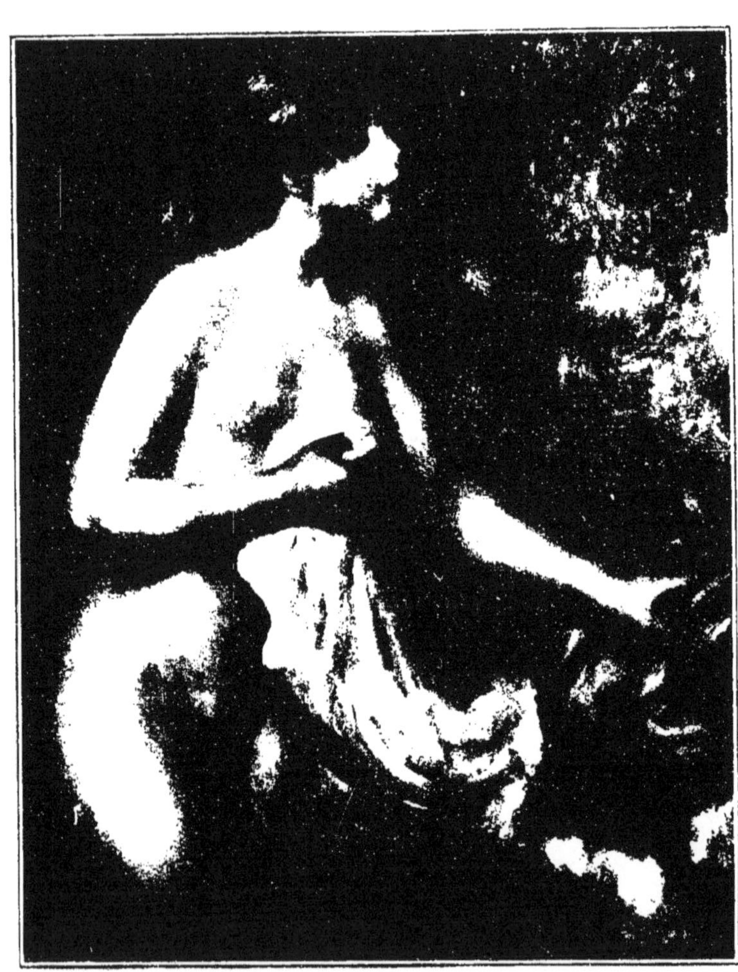

RENOIR. — N° 8. Baigneuse.

CATALOGUE

PIERRE BONNARD

1. *L'étable (1912).*

Haut. : 47 cm. 1/2; Larg. 73 cm. 1/2.

PAUL CÉZANNE

(1839-1906)

2. *Le village à travers les arbres.*

Haut : 65 cm. 1/2; Larg. : 81 cm. 1/2.

3. *L'allée,* aquarelle.

Haut. : 42 cm.; Larg. : 57 cm.

HENRI-EDMOND CROSS

(1856-1910)

4. *Paysage avec le cap Nègre (1907).*

Haut. : 89 cm.; Larg. : 1 m. 16 cm.

HENRI ROUSSEAU

(1844-1910)

10\. *Éclaireurs attaqués par un tigre (1903-1904).*

Haut. : 1 m. 21 cm.; Larg. : 1 m. 61 cm.

11\. *La passerelle de Passy (1895).*

Haut. : 38 cm.; Larg. : 46 cm.

12\. *Vue des fortifications, boulevard Gouvion-St-Cyr (1895).*

Haut. : 38 cm.; Larg. : 46 cm.

J. M. W. TURNER

(1775-1851)

13\. *Paquebot sortant de Douvres,* aquarelle

Haut. : 17 cm.; Larg. : 26 cm.

Voir aux pages 2, 7, 8, 9, 10, 11, 12 et 13 de ce catalogue la reproduction de huit des œuvres ci-dessus mentionnées.

PAUL CEZANNE. — N° 2 Le village à travers les arbres.

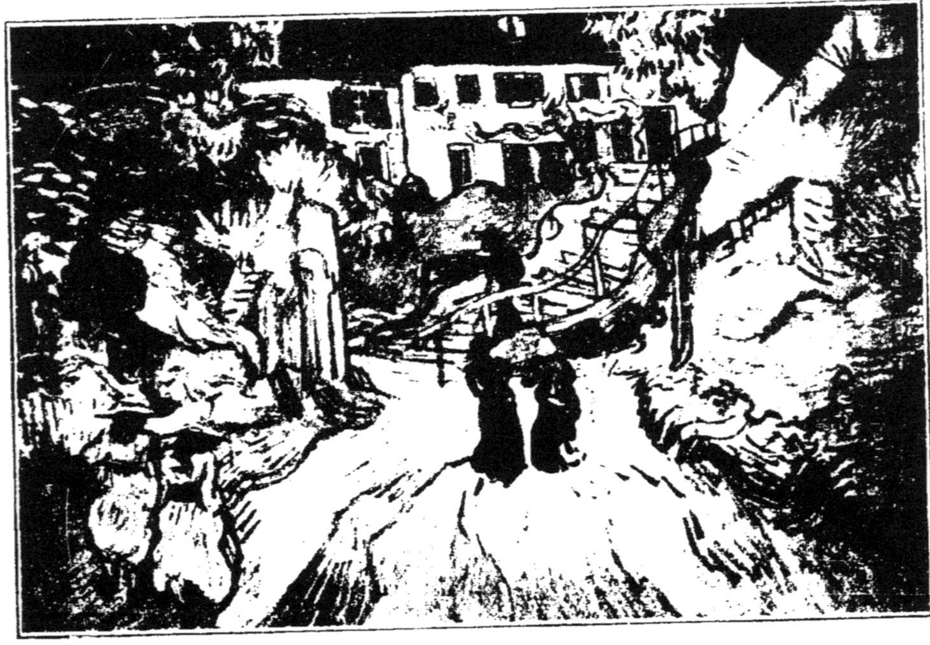

VAN GOGH. N° 6. L'escalier à Auvers.

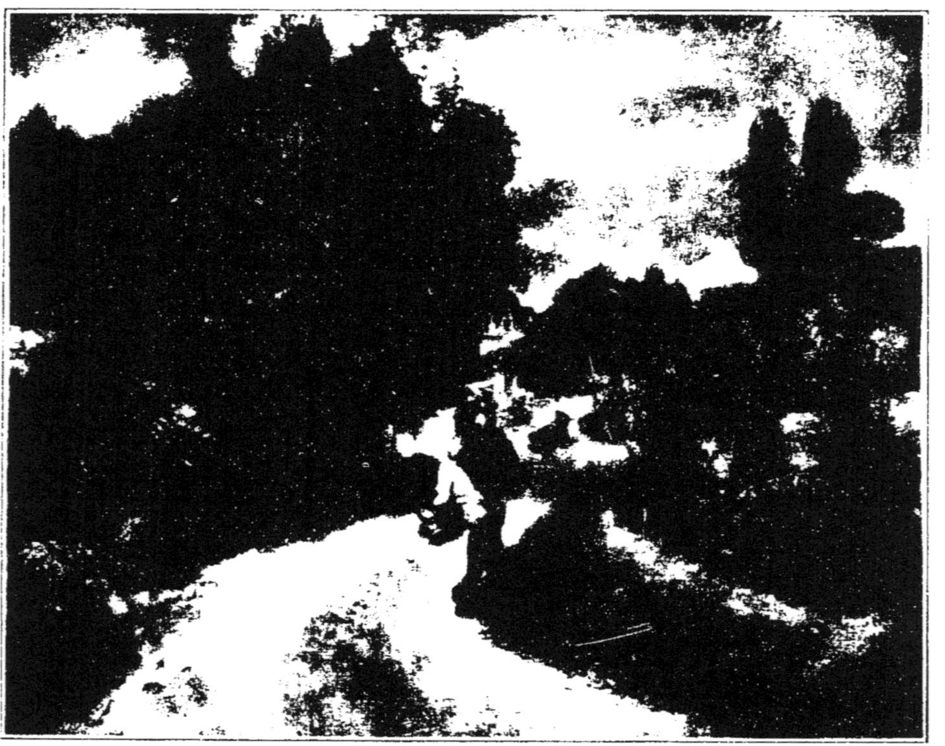

RENOIR. — N° 9. Au bord de la rivière

GALERIE BERNHEIM-JEUNE

15, RUE RICHEPANCE

L'Exposition

Guillaume Régamey

se termine le Mercredi 13 Mai, à 3 heures

L'Exposition

des Paysages de neige et de soleil

DE

WILLIAM HORTON

s'ouvre le Lundi 18 Mai,
pour se clore le Samedi 30 Mai 1914

A son Catalogue sera annexé le n° 7 du « Bulletin »

www.ingramcontent.com/pod-product-compliance
Ingram Content Group UK Ltd.
Pitfield, Milton Keynes, MK11 3LW, UK
UKHW021627260726
13994UKWH00003B/1111